Vente du Jeudi 30 Janvier 1908

HOTEL DROUOT — SALLE N° 7

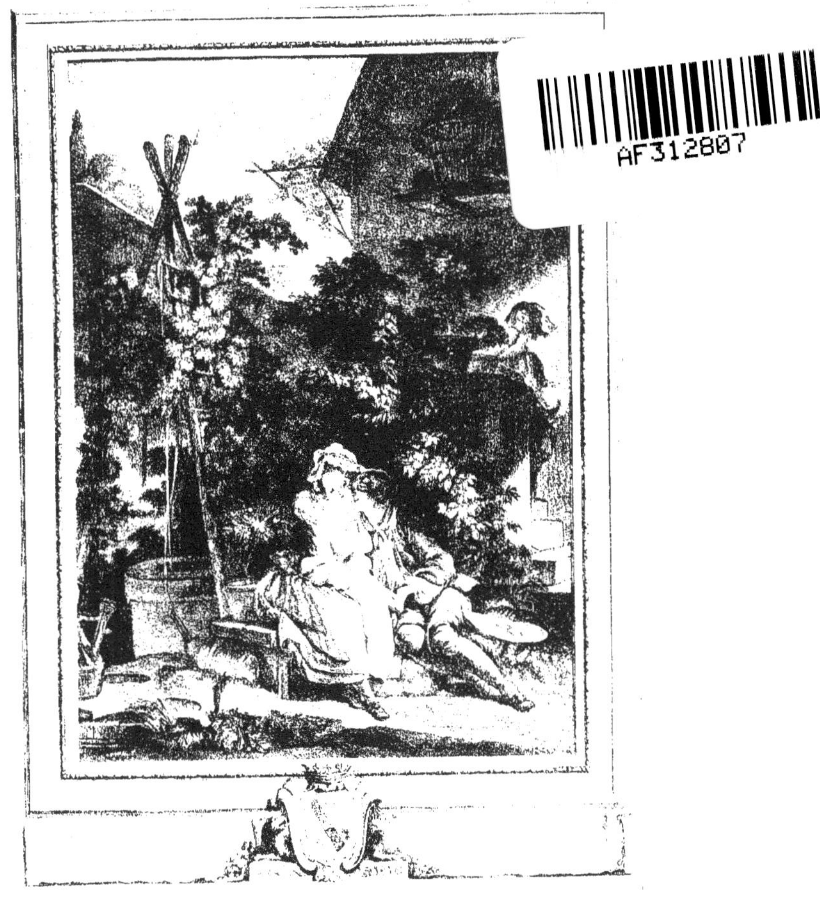

N° 5 du Catalogue.

ESTAMPES ANCIENNES

PRINCIPALEMENT DES

ÉCOLES FRANÇAISE & ANGLAISE DU XVIIIᵉ SIÈCLE

DESSINS

Mᵉ ANDRÉ DESVOUGES   M. LOYS DELTEIL
(Successeur de Mᵉ M. Delestre)

IMPRIMERIE

FRAZIER-SOYE

153-157, rue Montmartre

PARIS

CATALOGUE
D'ESTAMPES
ANCIENNES

principalement des

ÉCOLES FRANÇAISE ET ANGLAISE

DU XVIIIᵉ SIÈCLE

pièces imprimées en noir et en couleurs

EAUX-FORTES DE CLAUDE GELLÉE — DESSINS

CATALOGUES DE VENTES ILLUSTRÉS

ETC.

Dont la vente aura lieu

à Paris, HOTEL DROUOT, Salle Nᵒ 7

Le Jeudi 30 Janvier 1908

à 2 heures précises

Par le Ministère de Mᵉ ANDRÉ DESVOUGES

COMMISSAIRE-PRISEUR

Successeur de Mᵉ MAURICE DELESTRE

26, rue de la Grange-Batelière

Assisté de M. LOYS DELTEIL, Artiste-Graveur, Expert

2, Rue des Beaux-Arts

CONDITIONS DE LA VENTE

Elle sera faite au comptant.

Les adjudicataires paieront *dix pour cent* en sus des enchères.

M. Loys Delteil remplira les commissions que voudront bien lui confier les amateurs ne pouvant y assister ; il se réserve, en outre, la faculté de diviser ou de rassembler les lots.

MM. les amateurs pourront visiter la collection, 2, *rue des Beaux-Arts*, du Mardi 21 au Mardi 28 Janvier 1908 (*le Dimanche excepté*), de 2 heures à 5 heures.

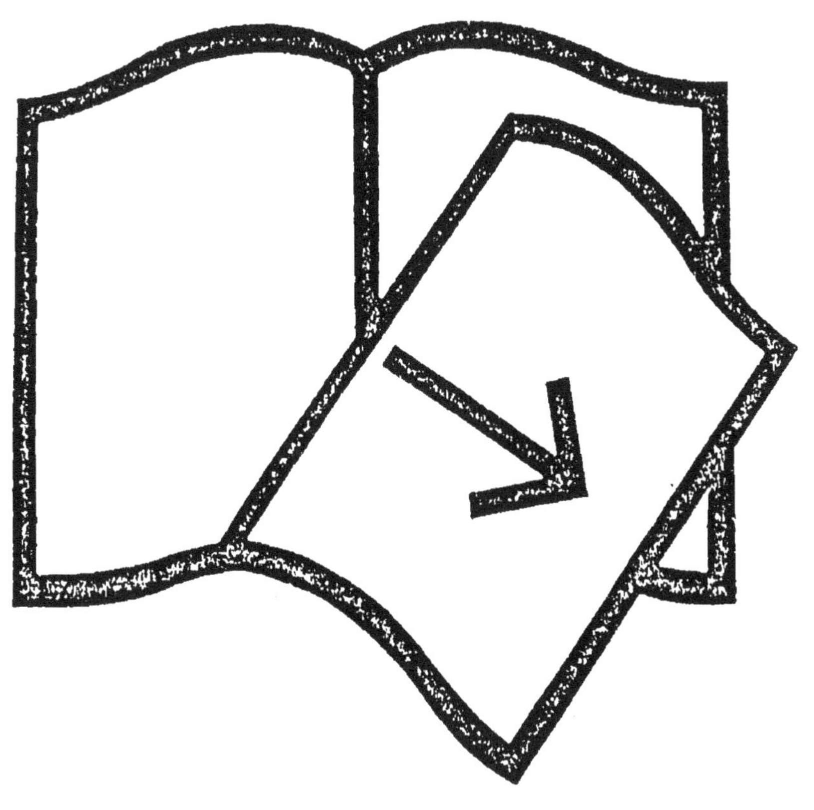

DE LA PAGE
À LA PAGE

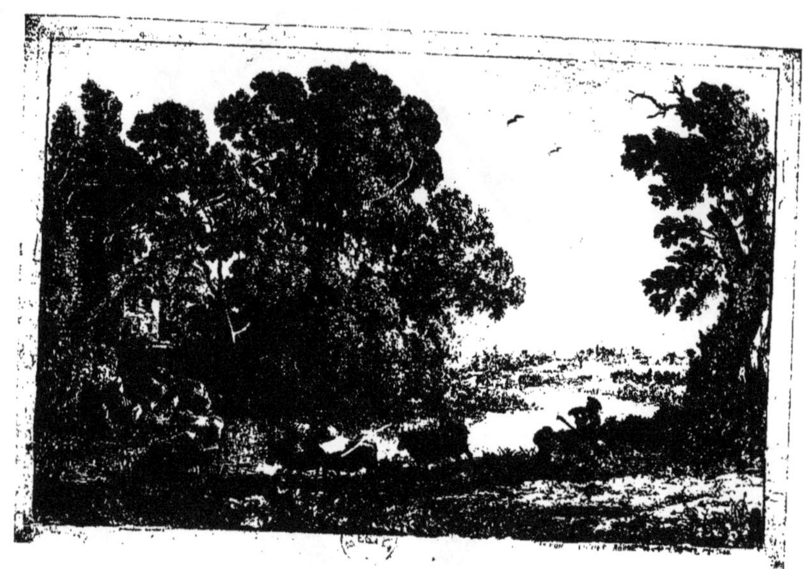

Nᵒ 77 du Catalogue.

DESIGNATION

ADRESSES, CARTES, etc.

1. *A l'Observatoire, L'Ing* Chevallier..... *Tour de l'Horloge du Palais, Nᵒ 1* — Carte de Haudricourt, par Pigeot — Adresse ? d'un apothicaire, par D., 1781 — République Française, en-tête par Roger, d'après Prudhon. Quatre pièces. Belles épreuves.

2. **Dragées à la Dalbert.** Deux pièces en forme de triangle renversé. Belles épreuves, *coloriées.*

ARTARIA (à Vienne, chez)

3. Vue du Graben, vers le Kohlmarkt, par C. Schutz, 1781 — Vue de la ville de Bude et de Pest, par J. et P. Schaffer — Lac de Lugano — Vue de la ville d'Andernach, par Ziégler — Statue de C. Borromée à Arona. Cinq pièces. Très belles épreuves, *coloriées.*

BAUDOUIN (d'après P. A.)

4. Le Carquois épuisé, par N. De Launay (11). Très belle épreuve.

5. Le Jardinier galant, par Helman (25). Très belle et rare épreuve, *avant la dédicace.*

BELLA (St. della)

6. Scènes militaires, Marines et Paysages, 60 planches en 1 alb. petit in-4 obl. cart. ancien. Très belles épreuves (1 pl., par Th. de Bry, ajoutée).

BENWELL (d'après)

7. Le Troubadour, par J. P. Levilly — L'Innocence en danger, par Le Noir. Deux pièces. Très belles épreuves.

BOILLY (L.)

8. La Perruque du Grand-Père — Le Bonnet de la Grand-Mère. Deux pièces. Très belles épreuves, *coloriées.*

9. Les Grimaces. Bel exemplaire, *colorié*, contenant 100 planches (numérotées de 1 à 95, puis 5 pl. non numérotées : *Ah les méchants enfants !* — Le Bonnet de la Grand-Mère — La Perruque du Grand-Père — Le Départ — Le Retour, cart. (débroché).

BOILLY (d'après L.)

10. *La Douce résistance.* Superbe et rare épreuve, *imp en couleurs*, avec la 1ᵉ adresse.

10 *bis.* On la tire aujourd'hui. Superbe et rare épreuve, *imp. en couleurs*, avec la 1ᵉ adresse.

11. Ça Ira, par Mathias. Très belle épreuve.

11 *bis.* Le Porte-drapeau de la Fête civique (l'acteur Chenard), par Copia. Belle et rare épreuve *avant la lettre*. Encadrée.

BOIS ANCIENS

12. Martyre des Sᵗˢ Pierre et Paul — Sujet religieux — Vieille mendiante, etc. Quatre pièces par A. Andreani, J. Vicentino et E. Eckman. Très belles épreuves, *imp. en camaïeux.*

13. Sujets divers et Frontispices. Quatorze pièces par Wohlgemuth, H. Burgkmair, etc. Belles épreuves.

BONNET (L. M.)

14. *The Charmes of the Morning.* 1778. Superbe et rare épreuve, *imp. en couleurs*, cadre en or, du 1ᵉ tirage, *avec la planche de blanc très apparente.*

15. Vue des Environs de Dantzick. Très belle épreuve, *imp. en couleurs.*

BOUCHER (d'après F.)

16. Les Amans heureux, par L. Bonnet. Belle épreuve, *tirée en sanguine.*

17. Les Charmes du Printemps — Les Plaisirs de l'Eté. Deux pièces par J. Daullé, se faisant pendants. Très belles épreuves.

18. Les deux Confidentes, par J. Ouvrier. Belle et rare épreuve *avant la lettre* (petit trou de ver).

19. L'Oiseau privé, par F. Flipart. Bonne épreuve.

20. Le Panier mystérieux — L'Agréable leçon. Deux pièces par R. Gaillard, se faisant pendants. Belles épreuves de tirage postérieur.

21. Les Amours pastorales, par Cl. Duflos — Les Bacchantes endormies, par R. Gaillard. Deux pièces. Belles épreuves (*la seconde de tirage postérieur*).

22. *Pensent-ils au raisin ?*, par J. P. Le Bas. Belle épreuve de tirage postérieur.

23. Têtes de Femmes. Deux pièces par Demarteau et Bonnet, *tirées en sanguine*.

24. Têtes de Jeunes Femmes. Deux pièces par L. Bonnet, tirées en sanguine.

CANALETTI (A.)

25. Le Palais Ducal, à Venise. Belle épreuve.

25 *bis*. Le Goorte del Dolo. Belle épreuve.

CARESME (d'après Ph.)

26. Le Réveil de Carlin, par Carrée. Belle épreuve *imp. en couleurs* (sans marges sur 3 côtés).

CHALLE (d'après)

27. *The officious Waiting Woman*, par Chaponnier. Très belle épreuve, tirée en bistre et sanguine.

CIPRIANI (d'après J. B.)

28. *Music — History*. Deux pièces par F. Bartolozzi, 1785. Belles épreuves.

COCHIN FILS (d'après C. N.)

29. Le Plaisir des bonnes gens, par Mme Lingée. Très belle épreuve.

COPIA (L.)

30. Le Départ de Télémaque et Eucharis pour la Chasse, d'après Boizot. In-4° de forme ovale. Belle épreuve, *tirée en bistre*.

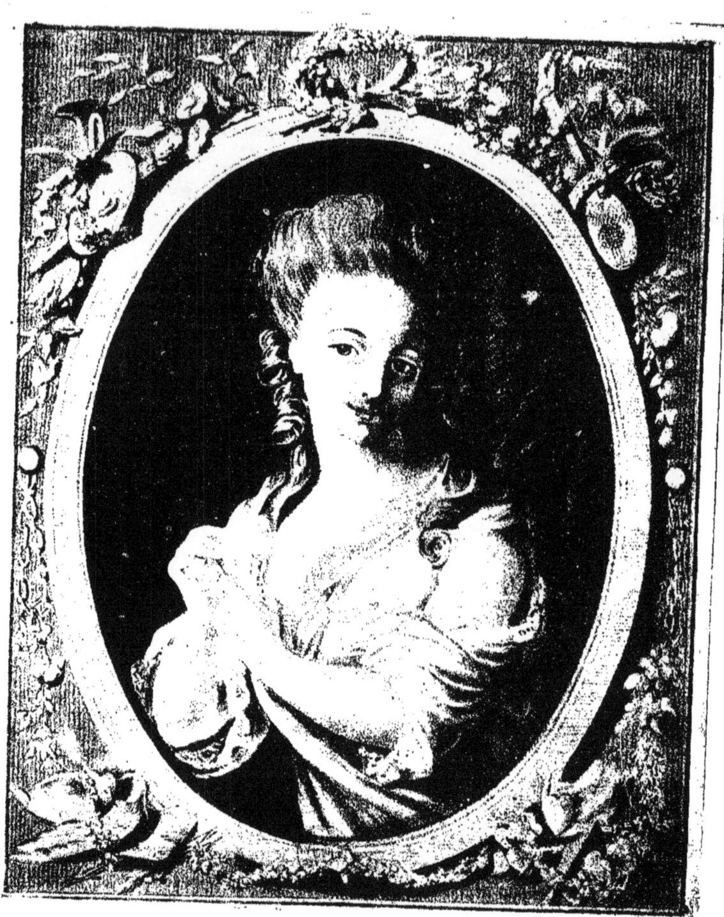

N° 14 du Catalogue.

COIFFURES, COSTUMES

31. Coiffures, pl. à 4 sujets (Cahier D., pl. 19 ?) — Coiffure à l'espoir (Chez Depain). Deux pièces, la première *coloriée*.

32. *Kœnigliche Wurthembergische Infanterie Regimenter Kronprinz......*, par L. Ebner. In-fol. Belle épreuve, *coloriée* (petites cassures).

33. Costumes militaires français, Exercice du fusil, 7 pl. par Baudouin et Bénard — Infanterie et Cavalerie, 18 pl. par G. De la Haye, d'apr. Gravelot. Ensemble 25 pièces.

34. Costumes de l'Armée Russe, (par Alix ?). Douze pièces, avec texte. Très belles épreuves, *coloriées*.

35. Troupes Françaises et Étrangères (A Paris, chez Martinet), 20 pl. Belles épreuves, *coloriées*.

36. Costume Parisien, an 6 à 1830, 154 pl. Très belles épreuves, *coloriées*.

37. Petit Courrier des Dames, Modes de Paris, 37 pl. Très belles épreuves, *coloriées*.

38. Régiment de la Garde Royale, 1817, suite de 6 pl. dessinées par Mallet. Douze pièces *coloriées* (y compris des doubles).

39. Costumes de l'Armée Française (de 1680 à 1845). 39 pl., par Ch. Vernier, *coloriées* (la plupart à toutes marges).

40. Costumes militaires français (1875-1876), par H. Lalaisse. Vingt-et-une pl. *coloriées* (y compris 3 doubles).

41. Uniformes de l'Armée Française, titres et 45 pl. in-fol. par Aubry, Lœillot, Mallet et G. Belles épreuves, en partie *coloriées*.

COSWAY (d'après R.)

42. Townshend (Anne Marchioness), par G. Hadfield. Très belle épreuve.

43. Browne (J. G. Count), par G. Hadfield. Très belle épreuve.

44. *Polindo and Albarosa*, par J. Condé, 1789. Très
belle épreuve *tirée en bistre et en sanguine.*

CRANACH (Lucas)

45. La Résurrection — S' Jacques le Majeur. Deux
pièces gravées sur bois. Très belles épreuves.

DAULLÉ (Jean)

46. Caylus (C'" de), d'après H. Rigaud. Belle épreuve.

DEBUCOURT (P. L.)

47. Modes et manières du jour (M. Fenaille, 72 et
suiv.), pl. 2, 5, 6, 15, 18, 23, 26, 28, 33, 37, 39,
40, 41, 42, 44 et 45, soit seize pièces. Très belles
épreuves, *coloriées,* à toutes marges (sauf deux).
48. La M"" de Poissons, d'apr. C. Vernet (380). Belle
épreuve, *coloriée.*

DEMARTEAU (G.)

49. Tête de Jeune Femme, d'après Vincent. Très belle
épreuve, *tirée en trois tons.*
50. Tête de Vierge — Jeune Femme en buste. Deux
pièces d'après Vincent. Très belles épreuves,
tirées en 3 tons.

DESCOURTIS (C. M.)

51. Chute du Torrent, de Gelten — Chute de la Tritt.
Deux pièces. Très belles épreuves, *imp. en couleurs.*

DIVERS

52. Je prie Dieu pour mon Père et pour la France
(Duc de Reichstadt), 1814 — Basilique de S' J.
Baptiste, à Monza, par C. Lose — Spectacle gratis,
par H. Bellangé — Le Printemps, par F. Jasinski,
d'après Botticelli, épr. *avec remarque, sur par-
chemin* (abimée). Quatre pièces.
53. Sujets galants. Douze lithographies par Numa,
Robillard, etc.

DREVET (Pierre)

54. Cotte (R. de), d'apr. H. Rigaud. Bonne épreuve.

ECOLES FRANÇAISE ET ANGLAISE
(XVIIIe SIÈCLE)

55. Les trois Grâces, très petite pièce de forme ovale. Très belle épreuve *avant toute lettre*.

56. Orphée. In-fol. Belle épreuve, *avant toute lettre, imp. en couleurs*.

57. Cagliostro (Cte de) — Le Guet d'Esigni d'Oliva (Mlle). Deux pièces de forme ovale, publiées par Alibert. Belles épreuves, *imp. en couleurs*.

58. La Lettre, d'apr. A. Kauffman ? — Scène pastorale, d'apr. Morland. Deux pièces *avant la lettre*. Belles épreuves.

59. Lady Gertrude Fitzpatrick, par S. W. Reynolds, d'après J. Reynolds — Feuille de 3 petits sujets, par Janinet, *avant l. l.* — Offrande à l'Amour, par Papavoine, d'apr. Boizot — Les trois Grâces, par Ch. Eisen. Quatre pièces. Belles épreuves, une *imp. en couleurs*.

60. Tête de Femme, par Caylus, d'apr. Watteau — Bélisaire, par Strange, d'apr. S. Rosa — *The of Mark Anthony*, par Watson, d'apr. N. Dance — Femme en turban — A. Study, par Lewis, d'apr. Th. Laurence. Cinq pièces. Belles épreuves.

61. La lettre — Offrande à l'Amour — Deux Génies — La Cruche renversée — La Biche blessée. Cinq pièces (4 *avant la lettre*). Belles épreuves, tirées en couleurs, sanguine, etc.

62. Le Midy, l'Après Midy. Le Soir, d'après La Rosalba — Beauté Printanière, par E. Jeaurat — L'Eau, par Crepy — VIIe et VIIIe vues de la Grèce, par Janinet, d'après Pernet. Sept pièces. Belles épreuves.

EDELINCK (Gerard)

63. Champaigne (Ph. de), d'après lui-même (R. D.). Belle épreuve, *avant le trait échappé*.

EISEN (d'après Ch.)

64. Les Amusements champêtres — Les Plaisirs champêtres — Le Concert champêtre — Le Bal champêtre. Suite complète de quatre pièces, par J. De Longueil. Très belles épreuves à toutes marges, deux *avant toute lettre*, les 2 autres avec cache.

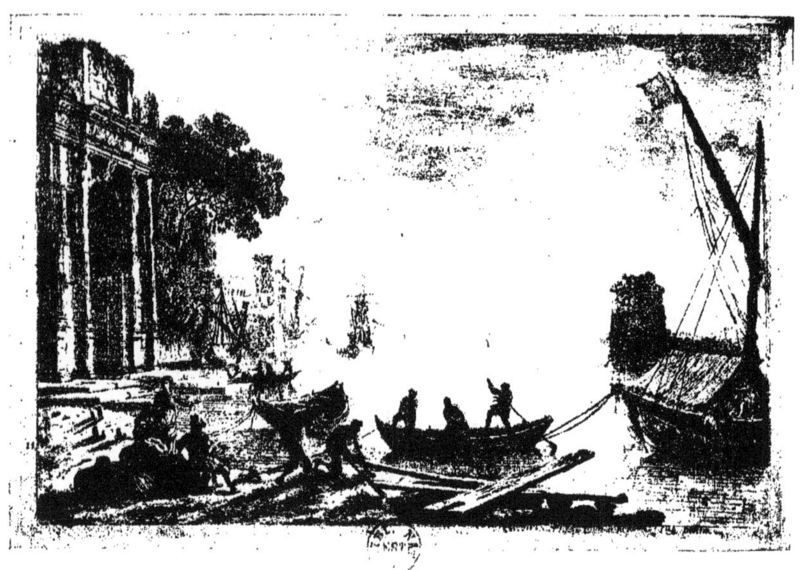

N° 84 du Catalogue.

65. Les Saisons. Suite de quatre pièces (manque le Printemps), soit 3 pièces par J. De Longueil. Très belles épreuves *avant toute lettre*, à toutes marges.

66. Les Heures. Suite de quatre pièces (manque 1 pl), soit trois pièces, par J. De Longueil. Très belles épreuves, *avant toute lettre*, à toutes marges.

67. Le Mouton favori — Le Bouquet bien reçu. Deux pièces par R. Gaillard, se faisant pendants. Belles épreuves de tirage postérieur.

FICQUET — SAVART

68. La Fontaine (des Fables), d'apr. H. Rigaud Boileau (N.), d'après le même, *avec l'adresse de Fond-Taraby*. Deux pièces. Belles épreuves.

FIRENS (P.)

69. *Représentation au naturel comme le roy très chrestien Henri III... touche les escrovelles.* Belle épreuve (doublée).

FRAGONARD (Honoré)

70. Bacchanale, pl. 4 (P. de B. 9). Belle épreuve.

FREUDEBERG (d'après S.)

71. La Confiance enfantine, par F. Janinet. Belle et rare épreuve *avant la lettre, imp. en couleurs* (*petites taches*).
72. Le Petit jour, par N. De Launay. Bonne épreuve.

GAULTIER (Léonard)

72 *bis*. Recueil ancien contenant de nombreux portraits, notamment ceux de la Chronologie collée, de L. Gaultier, de Réformateurs, gravés sur bois (xvıᵉ siècle), Emblêmes, etc.

GELLÉE, dit le Lorrain (Cl.)

73. La Fuite en Egypte (R. D. 1). Très belle épreuve du 1ᵉʳ état.
74. La Tempête (5). Belle épreuve *avant* : Nº 44, p. 11.
75. La Danse au bord de l'eau (6). Trè belle épreuve.
76. Le Naufrage (7). Très belle épreuve *avant* que les angles du cuivre n'aient été arrondis.
77. Le Bouvier (8). Très belle épreuve, *avant* que le petit oiseau ait disparu.
78. Le Dessinateur (9). Très belle épreuve, *avant* : Nº 44 p. 3.

79. La Danse sous les arbres (10). Très belle épreuve *avant* que les arbres à gauche, n'aient été remplacés par des maisons.

80. Le Port de mer au fanal (11). Très belle épreuve, *avant* : N° 44, p. 8.

81. Scène de brigands (12). Belle épreuve, *avant* : N° 44, p. 3.

82. Le Port de mer à la grosse tour (13). Très belle épreuve *avant* que les angles du cuivre n'aient été arrondis.

83. Le Pont de bois (14). Très belle épreuve *avant* : N° 44, p. 6.

84. Le Soleil levant (15). Très belle épreuve, *avant la date*. Rare.

85. Le Départ pour les champs (16). Très belle épreuve du 2° état (sur 3).

86. Le Chevrier. Belle épreuve.

87. LIBER VERITATIS OR A COLLECTION OF PRINTS, AFTER THE ORIGINAL DESIGNS OF CLAUDE LE LORRAIN : IN THE COLLECTION OF HIS GRACE THE DUKE OF DEVONSHIRE, EXECUTED BY RICHARD EARLOM — London, Boydell — 2 vol. in fol. cart. contenant 1 portrait et 200 pl. Bel exempl., complet et à toutes marges.

GOLTZIUS (H.)

88. Egmont (Françoise d') (168) — Galle (Ph.) (170). Deux pièces.

GREUZE (d'après J. B.)

89. L'Oiseau mort, par J. J. Flipart. Très belle épreuve.

90. La petite Mère — La Jeune Nourice. Deux pièces par F. A. Moitte, se faisant pendants. Très belles épreuves.

HOLBEIN (d'apr. H.)

91. Le Triomphe de la Mort, par Chr. de Mechel, 1780, suite complète de 12 pl. comprenant 47 sujets.

HUET (d'après J. B.)

92. Le Chasseur endormi, par Demarteau. Très belle épreuve *tirée en 2 tons* (sans marges).

93. Le Chien savant, par Demarteau (n° 509). Bonne épreuve *tirée en deux tons*.

94. L'Espoir d'un Heureux Jour. Epreuve *imp. en couleurs* (restaurée).

95. Le Goûter champêtre, par Jubier. Très belle épreuve, *imp. en couleurs*. (Petite tache en marge).

96. Offrande à l'Amitié — Offrande à l'Espérance. Deux pièces par Jubier, se faisant pendants. Belles épreuves, *imp. en couleurs*.

97. Le Point d'Honneur ou le petit Duel, par Bonnet. Belle épreuve, *imp. en couleurs*.

98. Retour du Marché, par Auvray. Superbe épreuve, *imp. en couleurs*.

INCROYABLES

99. Faites la paix. Petite pl. de forme ovale. Belle et rare épreuve, *imp. en couleurs*.

100. Pas possible. In-12 de forme ronde. Très belle épreuve.

101. Ma chevelure s'en va, c'est très croyable -- L'Anglomane. Deux pièces. Belles épreuves.

JANINET (J. F.)

102. B. Francklin, 1789. Epreuve *imp. en couleurs* (retouches).

103. Les Joueurs de quilles, d'apr. A. van Ostade. Belle épreuve, *imp. en couleurs* (sans marges).

104. Scènes de tabagie, d'apr. A. van Ostade. Deux pièces se faisant pendants. Belles épreuves, *imp. en couleurs* (sans marges).

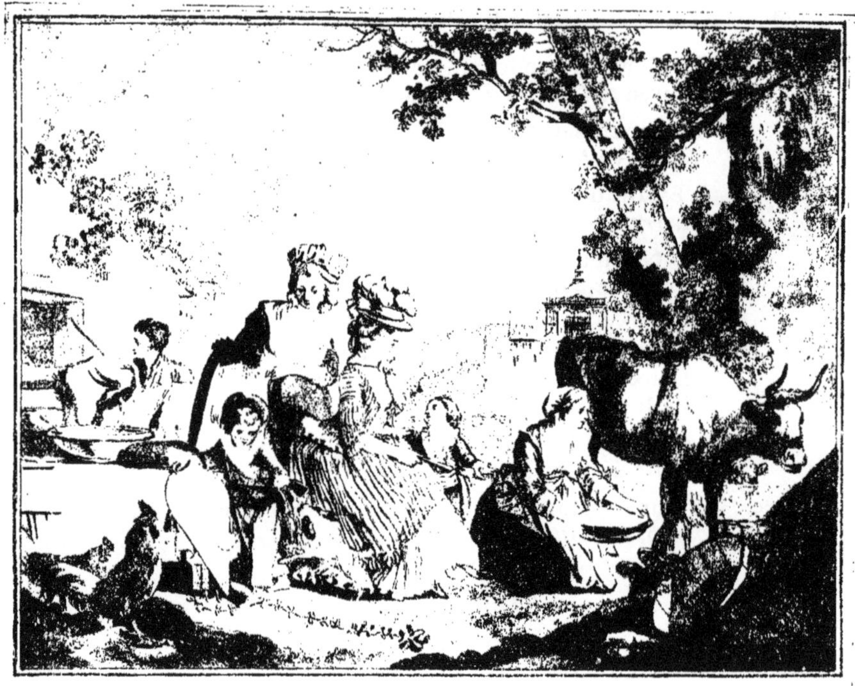

Nº 95 du Catalogue.

JANINET. GUYOT, LE CAMPION

105. Vues de Paris : Intérieur de Notre-Dame — École
de Chirurgie — Théâtre Italien — Théâtre
Français — La Pompe à feu — Halle aux draps et
Bains chinois, etc. Vingt pièces. Très belles
épreuves, *imp. en couleurs*, sauf 4 en épreuves
d'état.

JEAURAT (d'après)

106. La Place des Halles — La Place Maubert. Deux
pièces par Aliamet, se faisant pendants. Belles
épreuves (doublées).

KAUFFMAN (d'après Angelica)

107. *Les Nymphes sacrifiant à l'Amour*, par Girard, In-4 de forme ovale. Belle épreuve, *imp. en couleurs*.

LANCRET (d'après N.)

108. La Belle complaisante, par De Favannes (E. B. 14). Belle épreuve.

109. Le Restaurant, par Deny (53). Belle épreuve (rognée).

110. La Servante justifiée, par N. de Larmessin — La Soirée, par le même. Deux pièces. Belles épreuves.

LARGILLIÈRE (d'après N. de)

111. Bourdaloue (Cl. de), par N. Pitau. Très belle épreuve.

LAVREINCE (d'après N.)

112. Le Billet doux, par N. De Launay. Très belle épreuve.

113. La Leçon interrompue, par G. Vidal (35). Belle épreuve.

114. Le Roman dangereux, par Helman (56). Superbe et rare épreuve, *avant la dédicace*.

LE BEAU

115. Conventions de mariage. Très belle épreuve, *tirée en bistre*.

LE CLERC (d'après)

116. L'Architecture, par L. Bonnet. Belle épreuve, *tirée en sanguine*.

LE GENDRE (d'après)

117. La Jeune sultane, par C. Corbutt. Belle épreuve.

LE PAON (d'après)

118. Revue de la Maison du Roi au trou d'Enfer, par J.
P. Le Bas. Grand in-fol.

LE PRINCE (d'après J. B.)

119. La Crainte, par N. Le Mire. Belle épreuve.

MACKRELL (R.)

120. *Charming Polly*, d'après W. Shayer. Grand in-fol.
colorié.

MARCUARD (R. S.)

121. *Contemplating Philosopher* (Cagliostro), d'après
F. Bartolozzi. Belle épreuve, tirée en bistre
(petite cassure en marge).

MECHEL (Chr. de)

122. Vue du fameux pont de bois de la ville de Schaf-
fouse. Très belle épreuve, *coloriée*.

MONSIAU (d'après)

123. L'Education de l'Amour, par Mme Demonchy. Belle
épreuve, *imp. en couleurs*.

MOREAU LE JEUNE (d'après J.-M.)

124. Au Roi — A la Reine. Deux pièces allégoriques
avec les médaillons de Louis XVI et de Marie-
Antoinette, par N. Le Mire. Belles épreuves.
125. Répertoire (avec le p^l de Louis XV), par N. Ponce
(236). Belle épreuve.
126. Répertoire (pl. avec le médaillon de Louis XVI),
par L. Lempereur (246). Belle épreuve *avant* le
texte typographique.

MORRET (J.-B.)

127. L'Oiseau de Lubin. Belle épreuve, *imp. en couleurs*. Rare.

ORNEMENTS

128. LEPAUTRE (J.). Décorations diverses, 27 pl. Belles épreuves.

129. PILLEMENT (Jean). 1ᵉʳ Recueil de Différents Bouquets de fleurs, par P. C. Canot, titre et 4 pl. Belles épreuves.

PARIS (Est. relatives a)

130. Grand Amphithéâtre du Jardin des Plantes, par Thierry — La Samaritaine. Deux dessins, l'un rehaussé d'aquarelle, l'autre lavé de bistre.

131. Vues de Paris. Trente-deux pièces par I. Silvestre, Marot, Rigaud, etc.

132. Vue intérieure de Paris, représentant la porte St-Paul, par Berthault, d'apr. le Chev. de l'Espinasse. Épreuves à toutes marges.

133. Salle de Danse construite sur les Ruines de la Bastille, le 20 juillet 1790, par Pinot — Fontaine Desaix, place Dauphine, par Le Cœur — Le Moment d'hilarité universelle ou le Triomphe de Charles et Robert aux Tuileries, par H. G. Berteaux — Le Temple. Quatre pièces rares, deux très belles.

134. Vues de Paris, par Gaitte, 34 motifs sur 5 pl. Belles épreuves.

135. Vues de Paris, 2 pl. grand in-fol, par M. Lalanne, épr. *avant* et avec la lettre, soit quatre pièces.

136. Vues — Monuments — Statues. Quatorze pl. anciennes.

PATER (d'apr. J.-B.)

137. La Belle Bouquetière, par Filleul. Belle épreuve.

PERELLE (A.-G.)

138. Paysages, 48 planches (plusieurs par Collignon, J. Morin et Swanevelt) en 1 alb. pet. in-4 obl. cart. ancien. Très belles épreuves.

PESNE (Jean)

139. Poussin (Nic.), d'après lui-même (R. D. 6). Très belle épreuve du 1er état.

PETIT (G.-E.)

140. Maurepas (J.-F. Phelypeaux, Cte de), en pied, d'apr. L. M. Vanloo. Belle épreuve.

PICOT (V.-M.)

141. *Venus and Cupid*, d'après Zuccarelli. Ovale in-fol. Belle épreuve, tirée en bistre.

PIÈCES HISTORIQUES

142. Assemblée Nationale, 7 sept. 1789, par N. Ponce, d'apr. Borel — Triomphe de la Constitution de l'An VIII, épreuve *avant toute lettre*. Deux pièces. Belles épreuves.

PIRANESI (J.-B.)

143. Monuments de Rome. Trente-cinq pl. gr. in-fol. Très belles épreuves.

PITAU (Nicolas)

144. Marie-Thérèse d'Autriche, d'après Beaubrun. Belle épreuve.

PRIEUR

145. La Reine (Marie-Antoinette) à la Conciergerie. Belle épreuve.

PRUDHON (P.-P.)

146. Amours de Phrosine et Mélidore (E. de G. 4). Très belle épreuve du 3e état, *avant la lettre*.

147. L'Amour rit des pleurs qu'il fait verser, par Copia. Très belle épreuve, *avant la lettre*, toutes marges.

148. Le Premier baiser de l'Amour, par Copia (132). Belle épreuve, *avant la lettre* (petite écorchure). On y a joint une épreuve avec la lettre. Deux pièces.

149. La Soif de l'or, par Debucourt (141 A). Très belle épreuve *tirée en bistre*.

150. La Vertu aux prises avec le Vice, par B. Roger (79). Rare épreuve *avant la lettre*.

151. La Justice et la Vengeance Divine poursuivant le Crime, par B. Roger, 3 états — L'Étude guide l'essor du Génie, par A. Chaponnier, 2 états — La Famille malheureuse, par Dugelay. Six pièces. Belles épreuves.

152. La Grotte — Le Premier Baiser de l'Amour — L'Héroïsme de la valeur, etc. Sept pièces, par Roger et Copia. Belles épreuves.

153. La Ste Vierge — La Justice divine poursuivant le Crime — Talleyrand — Le Roi de Rome — (La Surprise ?) — Cérès — Mlle Mayer. Sept pièces par Roger, Sirouy, etc. (*4 avant la lettre*). Belles épreuves.

154. Constitution Française — L'Amour rit des pleurs qu'il fait verser — Le Sort des Artistes — Vénus et Adonis, etc. Huit pièces par Copia, Chaponnier, Boilly, etc. Belles épreuves, plusieurs *avant la lettre*.

155. Joseph et Putiphar — Le Rêve — La Justice, etc. Huit pièces par J. Boilly et E. Le Roux. Belles épreuves.

156. Une Pensée — Les Petits Dévideurs — Les Vendanges — L'Étude guide l'essor du Génie — L'Amour et l'Amitié — Marguerite, etc. Neuf pièces (y compris deux doubles), par Aubry-Lecomte. Très belles épreuves sur chine.

157. Vignettes : Sylvie et le Satyre, par B. Roger (128), *eau-forte pure*, et *avant l. l.*, 2 épr. — L'Art d'aimer : L'Enflammer — En jouir, épr. *avant l. l.* — Naufrage de Virginie, par Blanchard, etc. Dix pièces *avant la lettre*. Belles épreuves.

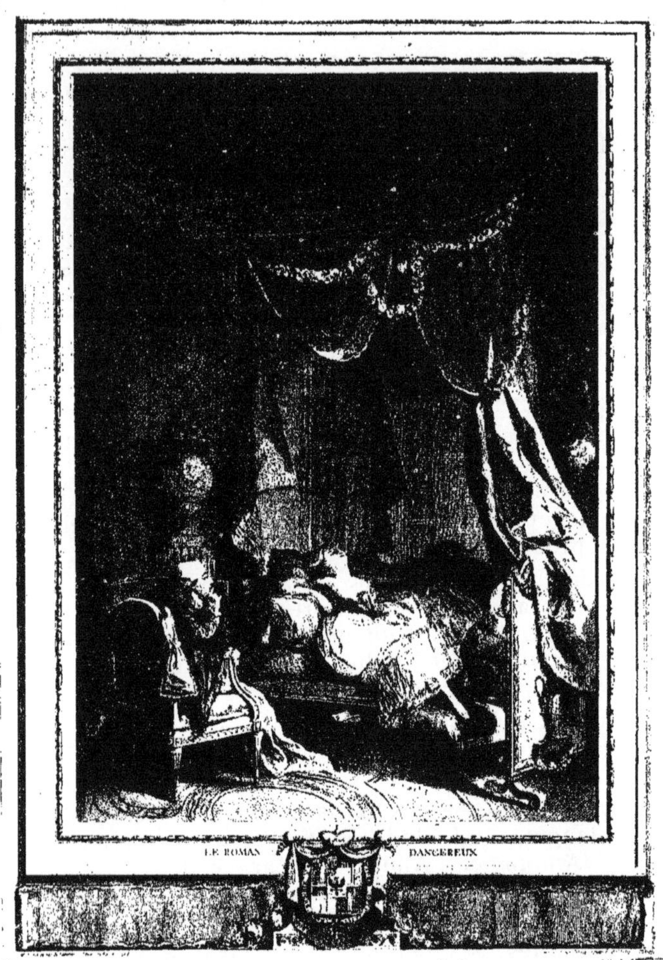

Nº 114 du Catalogue.

158. L'Amour caresse avant de blesser — L'Amour
cherche à nous aveugler — Léda — Eucharis —
Thémis, etc. Onze pièces par B. Roger, Prud'hon
fils, J. Boilly, plusieurs *avant la lettre*.

159. Sujets divers. Quinze pièces par Grevedon, Fla-
meng, etc., la plupart *avant la lettre*. Belles
épreuves.

160. En-têtes : Scènes mythologiques et compositions
allégoriques. Quinze pièces (en majorité à l'*eau-
forte pure*), d'apr. Prud'hon et autres. Belles
épreuves.

161. En-têtes : Scènes mythologiques et compositions
allégoriques. Dix-neuf pièces (en majorité à
l'*eau-forte pure*), d'après Prud'hon et autres.
Belles épreuves.

162. Sujets divers et vignettes, Almanach, etc. Vingt
pièces, la plupart *avant la lettre*, d'après Prudhon
ou ses contemporains. Belles épreuves.

RECUEILS

163. *Los Emblemas de Alciato*, Lyon, G. Roville, 1540
— *Le Imagini delle donne Auguste intagliate…..
di Eneas Vico*, Venise, 1547 — Détail des mon-
naies des Empereurs Romains (incomplet) —
Œuvres Poétiques de Boileau, planches seule-
ment, Paris, Hachette, 1889. — 4 recueils.

164. L'Office de la Semaine Sainte, 1752, reliure aux ar-
mes de Marie Leczinska.

REGNAULT (N.-F.)

165. Le Vœu de la Nature. Très belle épreuve *avant la
lettre*, toutes marges.

REMBRANDT VAN RYN

166. Rembrandt à l'aigrette — Rembrandt avec une
écharpe autour du cou. Deux pièces. Bonnes
épreuves.

67. Abraham et Isaac (B. 34) — Gueux et Gueuse con-
versant (164). Deux pièces. Belles épreuves.

168. Ansloo (271). Bonne épreuve.

169. Repos en Egypte (58), rare — Jésus au milieu des Docteurs — Vieille à la callebasse, etc. Quatre pièces.

170. Sujets et portraits. Six pièces. Originaux et copies.

RÉVOLUTION (Est. relatives à la)

171. Machine proposée à l'Assemblée Nationale, par M. Guillotin — Marat, par Queverdo — Bailly — J. Bara — Chalier. Cinq pièces. Belles épreuves.

REYNOLDS (d'après Joshua)

172. *The Honourable Miss Bingham — The R' Hon*ble *Countess Spencer*. Deux pièces, par Aug. Le Grand, se faisant pendants. Très belles épreuves, *imp. en couleurs*.

173. Lady Sarah Bunbury, par E. Fischer. Belle épreuve (rognée).

174. Walpole (Horace), par J. M. Ardell, 1757. Belle épreuve.

REYNOLDS (S. W.)

175. Portrait de Femme, d'après Th. Laurence. Belle épreuve, *avant la lettre* (piquée).

176. Portrait de Femme, d'après R. Rottwell. Belle épreuve, *avant la lettre* (piquée).

RIGAUD (J.)

177. *Représentations des actions les plus Considérables du Siège d'une Place*. Suite complète de 6 planches, à toutes marges.

ROSMAESLER (J. A.)

178. *Auerbachs Hof in Leipzig*, 1778. Très belle épreuve. Rare.

SAINT-AUBIN (Aug. de)

179. Médaille de représentant du peuple (E. B. 1325), face — Carte de la Section du Contrat social (1326), face et revers, 1er état. Deux pièces. Très belles épreuves.

180. B. Francklin, d'apr. C. N. Cochin. Très belle
épreuve.

SAINT-NON (Abbé de)

181. Ruines d'un Temple, d'après H. Robert — Sujets
divers, d'après les maîtres italiens. Trente pièces.
Belles épreuves.

SCHMIDT (G. F.)

182. Mignard (P.), d'après H. Rigaud. Belle épreuve.

SERGENT MARCEAU (A. F.)

183. Les Baigneuses endormies. Très belle épreuve
avant la lettre, tirée en bistre. Très rare.

184. Necker, d'après J. S. Duplessis. Belle épreuve,
imp. en couleurs (mouillures).

SILVESTRE (Israël)

185. Vues de Fontainebleau, frontispice et suite de 12
pl. Belles épreuves en cahier.

SMITH (d'après J. R.)

186. Leonora, par Jukes et Pollard, 1786. Très belle
épreuve.

SOMPEL (P. van)

187. Orléans (Gaston, duc d'), d'apr. Van Dyck. Très
belle épreuve, *avant le n°*.

STOTHARD (d'après T.)

188. *Going to School — Coming from School*. Deux
pièces de forme ovale, par C. Knight, 1788, se
faisant pendants. Belles épreuves, *tirées en bistre*.

TAUNAY (d'après)

189. La Noce de village, par Descourtis. Belle épreuve,
imp. en couleurs (sans marges).

190. La Foire de village, par Descourtis. Belle épreuve,
imp. en couleurs (sans marges).

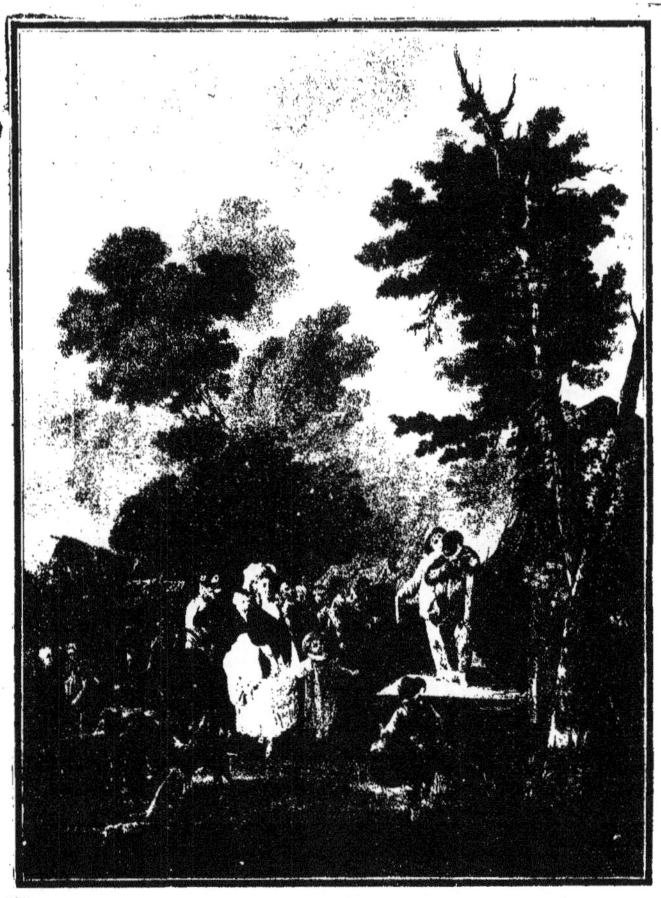

N° 100 du Catalogue.

191. La Rixe, par Descourtis. Très belle épreuve, *imp. en couleurs* (sans marges).

TOMKINS (P. W.)

192. Histoire de l'Amour. Suite de 20 pl. de forme ronde. Belles épreuves, *tirées en 2 tons*.

VALLIN (d'après)

193. Le Désir — La Jouissance — Le Repentir. Trois pièces par Bouquet. Très belles épreuves.

VANGÉLISTI (V.)

194. Louis XVI, Père de la Patrie. In-fol. Belle et rare épreuve *avant la lettre*.

VAN GORP (d'après)

195. *La Cosa Rara*, par Armano. In-4 de forme ovale. Belle épreuve.

VANLOO (d'après C.)

196. Le Couché à l'Italienne, par I (Ingram ?). Très belle épreuve.

VÉNITIEN (Augustin)

197. Iphigénie, d'après B. Bandinelli (B. 194). Belle épreuve *avant toute adresse*, des collections Denon, Didot et Galichon.

VIGNETTES

198. Vignettes, la plupart pour les *Contes* et les *Fables* de La Fontaine. Treize pièces, plusieurs *avant la lettre* ou à *l'état d'eau-forte*.

199. Vignettes, 90 pl. la plupart du XVIIIᵉ siècle.

WATTEAU (d'apr. Ant.)

200. Fêtes au dieu Pan, par M. Aubert. Très belle épreuve (sans marge dans le haut, et petites cassures).

201. La Mariée de village, par C. N. Cochin (148). Très rare épreuve à *l'état d'eau-forte*.

202. Pour garder l'honneur d'une belle, par Cochin. Belle épreuve (petites cassures) — Pierrot et Arlequin, par Surugue (le titre coupé). Deux pièces.

WEST (d'après B.)

203. *Mr West and Family*, par G. S. et J. G. Facius, 1779. Grand in-fol. Épreuve doublée.

WHEATLEY (d'après F.)

204. Chansons nouvelles deux sols le livret, par A. Cardon. Belle épreuve (cassure et taches).

205. Le Retour du marché, par G. Orrebow. In-fol. tiré en bistre.

WOLF (C.)

206. Vues de Suisse. Suite de 10 pl. petit in-fol. Très belles épreuves, *coloriées*.

WOLSTENHOLME (d'après)

207. Sujets de chasse, 5 pl. par Himely. Belles épreuves.

RECUEILS ET CATALOGUES DE VENTES ILLUSTRÉS

208. *Cent chefs-d'Œuvres des collections parisiennes* Paris, G. Petit, s. d. — 1 vol. in-fol. en feuilles, cart. de publ. Très bel exemp. (n° 220), contenant 100 pl. par Chauvel, Bracquemond, Courtry, Boulard, etc.

209. L'Œuvre de Aug. Boulard, par L. Maillard — Exposition de gravures, cercle de la Librairie — Collection Lutz, A. Sensier — Tableaux par Edm. Yon — Exposition Rodin — Collection d'Art de Frédéric-le-Grand — Représentative art of our time, 8 fasc. Ensemble 16 broch. avec pl.

210. Collections de Mme C. Lelong, 1902-1903, 4 cat. in-4, avec pl.

211. Exposition Meissonier, Galerie Georges Petit, 1893 — in-fol. broch. nomb. pl. à l'eau-forte, par Waltner, Courtry, Boulard, etc.

212. Atelier Rosa Bonheur, 1900, 2 cat. in-fol., avec pl.

213. Le même catalogue.

214. Musée Kums, Anvers, 1898, 1 cat. petit in-fol. nombr. planches.

215. Collection Secrétan, 1889 : Tableaux anciens et modernes, 3 cat. in-fol. nombr. planches.

216. Collection du Cte Doria : Tableaux, dessins et gravures modernes, 2 cat. in-fol. (numérotés), planches.

217. Ch. G., A Marmontel, J. Strauss, Vioujard : Tableaux modernes. 4 cat. br. avec pl.

218. Collections Hartmann, 1899, Tabourier. 1898, Seillar, 1889, H. V. (Vever), Hulot, Bellino. 6 cat. in-4 nombr. pl.

219. Collections Crabbe, Daupias, Mniezch, Defoer : Tableaux anciens et modernes — D. de G : Tableaux et objets d'art — E. Gavet : Objets d'Art, 7 cat. in-fol. nombreuses pl.

220. Ateliers P. Huet, Daubigny, J. Dupré, Ch. Jacque, Van Marcke, Duez, Heilbuth, Jacquemart. Neuville, Vibert, Boulard, Luminais, etc. 14 cat.

221. Collections d'Armaillé, E. Piot, Goncourt, L. de M., Ch. Stein, Sichel, Hoffmann, Hochon, Seillière, etc. 14 cat. avec pl.

222. Collections Cottier, Rœderer, Dreyfus, Tavernier, Ars. Alexandre, Coquelin : Tableaux modernes 8 cat. avec nombr. pl.

223. Collections Alex. Dumas, Hulot, S. Goldschmidt et anonyme, 4 cat. avec nombr. pl.

224. Collections E. May, Goncourt, Ch. Noel, Barbedienne, Luminais, A. Dreyfus, H. W. Z., de Marseille, Girou de Buzareingues, etc, 13 cat. avec pl.

225. Collections de Hèle, Debrousse, J. de Bryas. Blanquet de Fulde, G. Feydeau et Mme S., 10 cat.. avec pl.

226. Collections G. Muhlbacher, E. Pacully, Ph. Georges, Mis de Chennevières, Eug. Lyon, V. Desfossés : Tableaux et dessins anciens et modernes, 6 cat. avec pl. (manque quelques pl. au cat. Muhlbacher).

227. Collection des Goncourt: Gravures du XVIIIe siècle, Livres, Estampes, Dessins modernes, Arts de l'Extrême-Orient. Quatre cat. br. planches.

228. Collection Thiers léguée au Musée du Louvre — Collections d'Yvon, Duncan, Valençay, Ribot, etc., 12 cat. avec pl.

229. Collections Valtesse de la Bigne, Bervick et d'Albe, de Ménasca, A. Houssaye, J. Strauss, etc. — Catalogue de l'Exposition Marie Baskircheff, etc., 15 br. la plupart avec pl.

230. Ventes Perkins, Kerchner, Lacroix, Miallet, de Thuisy, etc., 20 cat. en majorité avec planches.

231. Collections V., Pereire, Th. Weber, Degeuser, A. Febvre, etc. — Catalogue de l'Exp. de l'Eau-forte moderne, etc., 23 cat. en majorité avec pl.

232. Ventes Eudel, A. Gerard, Leroux, Second, etc. — Société des Aquarellistes français, 22 cat., plusieurs avec pl.

233. Collections Merlin, C. Rogier, Brenot, H, de Castro, Dobbé, Leclanché, Bonnaffé, etc., 30 cat., plusieurs avec pl.

DESSINS

A. C. (Débuts du xix siècle)

234. *Les Trois artistes dans leurs ateliers ou les talents réunis*. A la plume, rehaussé d'encre de chine et d'aquarelle.

ANONYME (xvi siècle)

235. Portrait d'Homme. Crayon noir et sanguine.

ANONYME (xvii siècle)

236. Le Chaud amoureux. Aquarelle. (A été gravée).

BOUCHER (Fr.)

237. Les Trois Grâces. Crayons noir et brun.

238. Motif décoratif. Contre épreuve d'un dessin à la pierre d'Italie (avec quelques retouches postérieures).

BRONKHORST (J.-G. van)

239. Diverses espèces d'oiseaux dans un paysage. Gouache signée : *J. Bronkhorst fec.*

DESFRICHES

240. Le Calvaire — La Croix. Deux dessins à la sanguine signés *D.*

DIVERS

241. Sujets divers — Paysages — Ornements. Douze dessins par ou attribués à St-Aubin, Pineau, Marilhat, Guérin, Fromentin, etc.

ECOLES ANCIENNES

242. Sujets divers et études. Douze dessins attribués à Bega, Fyt, Tillborgh, etc.

243. Sujets divers et Paysages. Cinq dessins par ou attribués à Berghem, de Chavanne, etc.

ECOLE FRANÇAISE (xviiiᵉ siècle)

244. Sujets divers et Etudes de têtes. Huit dessins attribués à Lépicié, Leprince, Watteau de Lille, etc.

SAINT-AUBIN (Gabriel de)

245. Nanette. A la pierre noire.

SENEMONT (de)

246. Pompe funèbre de François Iᵉʳ, Emp. des Romains, à Nancy, 18 oct. 1765. A l'encre de chine, *signé.*

VELDE (J. van de)

247. Le Marché. Plume et sépia, rehauts de blanc.

Imp. FRAZIER-SOYE, 153-157, Rue Montmartre, Paris.